COMER LIMPIO

Un plan de comidas de 15 días con recetas saludables para perder peso

Regalo incluido

Como parte de nuestro compromiso de asegurarnos de que llevas un estilo de vida saludable, hemos incluido un libro electrónico gratuito en el siguiente enlace. Este libro informa sobre los grupos de alimentos y las comidas que te permitirán perder peso rápidamente.

Espero que disfrutes de este libro electrónico y también del regalo extra. El enlace al regalo está abajo:

http://36potentfoodstolosewightandlivehealthy.gr8.com

Descargo de responsabilidad

Copyright © 2021 Todos los derechos reservados.

Ninguna parte de este libro electrónico puede ser transmitida o reproducida de ninguna forma, ya sea impresa, electrónica, por fotocopia, escaneada, mecánica o grabada, sin la previa autorización por escrito del autor.

Aunque el autor se ha esforzado al máximo por garantizar la exactitud del contenido escrito, se aconseja a todos los lectores que sigan la información aquí mencionada bajo su propia responsabilidad. El autor no se hace responsable de ningún daño personal o comercial causado por la información. Se recomienda a todos los lectores que busquen asesoramiento profesional cuando lo necesiten.

Sobre el autor

A Sam Kuma le apasiona compartir su experiencia culinaria con el mundo. Su trabajo consiste en la modernización de los planes de dietas saludables. Ha publicado muchos libros de recetas para dietas veganas, cetogénicas, paleo y de cocina de alimentos estilo dash, junto con varios libros de cocina sobre comidas étnicas. Su principal objetivo es hacer que dietas saludables como la vegana y la cetogénica se convierten en la corriente principal compartiendo recetas fáciles de crear y apetitosas. En sus dos primeros libros sobre recetas veganas, ha elaborado deliciosos chocolates, postres, helados, hamburguesas y sándwiches veganos. A continuación encontrarás un enlace a sus otros productos en Amazon:

Especial de Sam Kuma

Descripción del libro

La tendencia de las dietas que recientemente ha arrasado en Internet es la dieta de alimentación limpia. Sin embargo, a diferencia de otras tendencias "dietéticas", esta alternativa es mucho más que una dieta de moda. Es un estilo de vida saludable y refrescante y no sólo una forma más de perder esos kilos de más. Lo mejor de esta dieta es que puede ayudarte a perder peso y a reducir el riesgo de padecer varias enfermedades y trastornos crónicos. También te ayudará a recuperar tu vigor y a mejorar tu salud en general.

Existen muchos libros de alimentación limpia o saludable en el mercado, así que ¿por qué éste? ¿Qué lo hace mejor en comparación con los demás? Bueno, simplemente, este libro está bien investigado; tiene recetas bien planificadas y probadas y también incluye un plan de comidas de 15 días que te facilitará el seguimiento de tu dieta.

El objetivo de este recetario es recopilar y presentar opciones saludables para mantén contentas las papilas gustativas y alegre la barriga. Creo que he tenido éxito en esto por lo que podrás darle la bienvenida al mundo de la alimentación limpia. El plan de comidas consta de una nueva receta para el desayuno, una receta de merienda y dos comidas adicionales que pueden ayudarte a perder peso.

El libro es fácil de consultar y cuenta con un índice detallado. Las instrucciones de las recetas son sencillas, claras y fáciles de seguir para que incluso un principiante pueda cocinarlas fácilmente. He intentado incluir recetas que puedan ser elaboradas por casi todo el mundo, incluidos estudiantes universitarios, amas de casa, cocineros, etc. Los ingredientes utilizados son fáciles de conseguir y no supondrán un agujero en el bolsillo. También puedes sustituir e intercambiar los ingredientes, siempre que no estén procesados. Como ya se ha dicho, la alimentación limpia no es una dieta, sino un estilo de vida, por lo que este libro no es un libro de dietas. Es más bien un libro de recetas que puede ayudarte a conseguir un cuerpo sano y en forma, todo ello mientras comes tus alimentos favoritos.

Índice de contenidos

Regalo incluido
Descargo de responsabilidad
Sobre el autor
Descripción del libro
Índice de contenidos
Introducción
Capítulo 1 - Plan de comidas de 15 días
Capítulo 2: Recetas de desayunos de alimentación limpia
    Huevos escalfados a la marinera
    Tortitas de coliflor
    Batido de desayuno
    Rollo de tortilla de espinacas
    Parfait de ricotta y yogur
    Tacos de desayuno
    Tortilla Denver al horno
    Yellow Mellow
    Magdalenas de pizza y huevo
    Tazón de acaí con calabaza y papaya
    Tortitas de plátano
    Tofu revuelto
    Pan de plátano y manzana
    Batido de superalimentos
    Huevo blanco y aguacate al horno
Capítulo 3: Recetas de bocadillos de comida limpia

- Zanahoria con salsa de aguacate
- Paletas de fresa
- Semillas de calabaza con sabor a chile y lima
- Barras de avena con mantequilla de cacahuete y miel
- Batatas fritas
- Chips de col del suroeste
- Rollos de espinacas con ricotta y pistachos
- Piña picante a la parrilla
- Albóndigas con salsa teriyaki
- Mini sándwiches de mantequilla de cacahuete
- Garbanzos especiados "locos"
- Barcos de pepino
- Edamame crujiente
- Pizza de pita

Capítulo 4: Recetas de comidas limpias
- Salmón salvaje con lentejas y rúcula
- Sopa de fideos de tofu
- Pizza de tacos de pollo
- Ensalada de arroz integral con manzanas, nueces y cerezas
- Quinoa de pollo y brócoli en una olla
- Gambas al curry
- Ensalada de quinoa con espárragos, dátiles y naranja
- Champiñones Alfredo
- Gazpacho de marisco
- Sopa de pollo y arroz integral
- Ensalada de fletán

Pollo con coles de Bruselas y salsa de mostaza
Capítulo 5: Recetas de cenas de comida limpia
Wraps de lechuga de cerdo a la parrilla con teriyaki
Curry de batata y tofu
Risotto cremoso con calabaza
Pollo al horno con pimientos y champiñones
Sopa tailandesa Laksa
Pechuga de pavo asada con salsa de chile chipotle
Pastel de pastor
Chuletas de cerdo a la parrilla con salsa de dos melones
Estofado de ternera
Ensalada de pollo caribeña
Arroz con mantequilla de cacahuete
Tacos de col rizada del mercado agrícola
Conclusión:

Introducción

A menudo se dice que somos lo que comemos y es absolutamente cierto: las personas que comen muchas frutas y verduras frescas suelen parecer vigorosas y activas. El dicho anterior es aún más cierto y relevante en el mundo actual obsesionado con la comida rápida. Así que, a no ser que quieras tener grasa y sobrepeso, deja de comer comida rápida.

Una persona lo pierde todo cuando pierde la salud. Es nuestro mayor activo, ya que sin ella no podemos hacer nada. Por lo tanto, es esencial cuidar la salud. Sin embargo, la cantidad de estrés y contaminación, junto con nuestro ritmo de vida acelerado, no nos dejan mucho tiempo para cuidarnos. Esto suele pasa factura a nuestra salud y acabamos enfermando. La mejor manera de mantén nuestra salud es cambiar nuestro estilo de vida. Uno de los cambios más básicos es cambiar la comida rápida por la comida limpia. ¿Pero qué es la comida limpia?

La alimentación limpia es un cambio de estilo de vida centrado en los alimentos. Hoy en día comemos cantidades extremas de comida basura y procesada, gracias a nuestros agitados horarios. Los alimentos procesados incluyen cualquier tipo de alimento que haya sido sometido a algún tipo de "proceso" que aumente su vida útil. El aceite, el azúcar, las sales y otros productos químicos procesados entran en esta categoría. También pueden denominarse alimentos procesados otros alimentos como los cereales refinados, que han sido elaborados en una fábrica.

Un plan de alimentación limpia es extremadamente saludable. Elimina casi todos los productos procesados de tu dieta, haciéndola cien por cien natural. Puede ayudarte a perder peso, mejorar el tono de tu piel, mejorar la calidad de tu cabello y hacer que tus huesos sean fuertes y duros. También mejora la digestión y la salud de tus órganos, como el hígado, etc. También puede ayudar a fortalecer el sistema inmunológico y aumentar la inmunidad.

Para aquellos que han estado comiendo alimentos procesados, cambiar el estilo de vida puede parecer una tarea hercúlea; sin embargo, no es imposible. Tomárselo con calma puede hacer que el cambio sea bastante fácil y placentero. Para facilitarte el cambio, he recopilado una amplia plétora de recetas de alimentación limpia que te servirán de sustento durante quince días.

Las recetas son fáciles de cocinar y te ayudarán en tu fase de transición y después.

Las recetas son deliciosas y saludables además de ricas en nutrientes. Los ingredientes utilizados son fáciles de encontrar, baratos y no están procesados. Estas recetas cambiarán tu forma de enfocar la comida y provocarán un gran cambio en tu salud y tu forma física. ¿A qué esperamos? Sin más preámbulos, empecemos.

Capítulo 1 - Plan de comidas de 15 días

Día 1

Desayuno - Huevos escalfados a la marinera

Almuerzo - Salmón salvaje con lentejas y rúcula

Merienda - Zanahoria con salsa de aguacate

Cena - Wraps de lechuga de cerdo a la parrilla con teriyaki

Día 2

Desayuno - Tortitas de coliflor

Almuerzo - Sopa de fideos de tofu

Merienda - Paletas de fresa

Cena - Chuletas de cerdo a la parrilla con salsa de dos melones

Día 3

Desayuno - Batido de desayuno

Almuerzo - Ensalada de arroz integral con manzanas, nueces y cerezas

Merienda - Rollos de espinacas con ricotta y pistachos

Cena - Pechuga de pavo asada con salsa de chile chipotle

Día 4

Desayuno - Tortilla de espinacas enrollada

Almuerzo - Gambas al curry

Merienda - Edamame crujiente

Cena - Ensalada de pollo caribeña

Día 5

Desayuno - Parfait de ricotta y yogur

Comida - Gazpacho de marisco

Merienda - Barras de avena con mantequilla de cacahuete y miel

Cena - Curry de batata y tofu

Día 6

Desayuno – Tazón de acaí con calabaza y papaya

Almuerzo – Champiñones Alfredo

Merienda - Albóndigas con salsa teriyaki

Cena - Tacos de col rizada del mercado agrícola

Día 7

Desayuno - Tacos de desayuno

Almuerzo - Quinoa de pollo y brócoli en una olla

Merienda - Piña picante a la parrilla

Cena - Pastel de pastor

Día 8

Desayuno - Tortilla de Denver al horno

Almuerzo - Pizza de tacos de pollo

Merienda - Semillas de calabaza con especias y chile

Cena - Arroz con mantequilla de cacahuete

Día 9

Desayuno - Yellow Mellow

Almuerzo - Sopa de pollo y arroz integral

Merienda - Garbanzos especiados "locos"

Cena - Sopa tailandesa Laksa

Día 10

Desayuno – Magdalenas de pizza y huevo

Almuerzo - Ensalada de quinoa con espárragos, dátiles y naranja

Merienda - Batatas fritas

Cena - Pollo al horno con pimientos y champiñones

Día 11

Desayuno - Tortitas de plátano

Almuerzo - Ensalada de fletán

Merienda - Chips de col del suroeste

Cena - Risotto cremoso con calabaza

Día 12

Desayuno - Pan de plátano y manzana

Almuerzo - Pollo con coles de Bruselas y salsa de mostaza

Merienda - Mini sándwiches de mantequilla de cacahuete

Cena - Estofado de ternera

Día 13

Desayuno – Tofu revuelto

Almuerzo - Salmón salvaje con lentejas y rúcula

Merienda - Wraps de lechuga

Cena - Chuletas de cerdo a la parrilla con salsa de dos melones

Día 14

Desayuno - Batido de superalimentos

Almuerzo - Quinoa con pollo y brócoli en una olla

Merienda - Barquitos de pepino

Cena - Ensalada de pollo caribeña

Día 15

Desayuno - Huevo blanco y aguacate al horno

Almuerzo - Chuletas de cerdo a la parrilla con salsa de dos melones

Merienda - Pizza de pita

Cena - Tacos de col rizada del mercado agrícola

Capítulo 2: Recetas de desayunos de alimentación limpia

Huevos escalfados a la marinera

Preparación: 5 min	Total: 15 min	Raciones: 2

Ingredientes:

- 2 huevos
- 4 cucharaditas de aceite de oliva
- 1 cebolla pequeña, cortada en rodajas finas
- ⅛ cucharadita de copos de pimienta roja
- 2 bolsitas de pan de pita integrales, tostadas y cortadas en trozos
- Sal al gusto
- 1 taza de salsa marinara

Instrucciones:

1. Pon una sartén a fuego medio. Añade el aceite. Cuando el aceite esté caliente, añade las cebollas y saltéalas hasta que estén ligeramente doradas.

2. Añade los copos de pimiento rojo, la sal y la salsa marinara y calienta bien.

3. Rompe los huevos en la sartén en 2 lugares diferentes. No remuevas. Tapa y cocina hasta que los huevos estén cocidos con la consistencia que desees.

4. Sirve con trozos de pan de pita integral tostado.

Tortitas de coliflor

Preparación: 10 min	Total: 30 min	Raciones: 3

Ingredientes:

- 1 cabeza grande de coliflor, cortada en ramilletes
- 3 cucharadas de perejil de hoja plana picado
- 3 huevos
- ¾ de taza de puerros, limpios y picados
- ¾ de taza de harina de almendra
- 2 tazas de queso gouda ahumado, rallado
- Sal al gusto
- Pimienta en polvo al gusto
- 4-5 cucharadas de aceite de coco
- Huevos cocidos al sol (para servir)

Instrucciones:

1. Pon los ramilletes de coliflor en el bol del robot de cocina y pulsa hasta obtener un arroz grueso y con textura. También se puede rallar. Pásalo a un bol.

2. Pon una sartén a fuego medio. Añade ½ cucharada de aceite. Cuando el aceite esté caliente, añade los puerros y saltéalos hasta que estén translúcidos.

3. Añade el ajo y revuelve unos segundos hasta que esté fragante. Retira del fuego transfiere al bol de la coliflor.

4. Añade el perejil, la sal, la pimienta, la harina de almendras, los huevos y el queso Gouda. Mezcla bien.

5. Pon una sartén antiadherente a fuego medio. Añade ½ cucharadita de aceite. Cuando el aceite esté caliente, añade aproximadamente una cucharada de la mezcla de coliflor en la sartén y extiende un poco con el dorso de una cuchara.

6. Cocina hasta que la parte inferior esté dorada. Da la vuelta y cocina también el otro lado.

7. Retira a una fuente de servir.

8. Repite los pasos 5 y 6 con el resto de la masa.

9. Sirve con huevos.

Batido de desayuno

| Preparación: 10 min | Total: 20 min | Raciones: 2 |

Ingredientes:

- 1 ½ tazas de yogur griego natural sin grasa
- 2 tazas de trozos de mango congelados
- ⅔ taza de frambuesas
- 1 melocotón maduro, sin hueso, cortado en rodajas
- ½ taza de leche baja en grasa
- 2 cucharaditas de semillas de chía
- 2 cucharadas de copos de coco tostados
- Un puñado de almendras picadas y tostadas
- 2 cucharaditas de extracto de vainilla

Instrucciones:

1. Añade el mango, el yogur, la leche y el extracto de vainilla en una batidora y bátelo hasta que esté suave.

2. Pasa a 2 cuencos para servir. Añade las semillas de chía, las frambuesas y el melocotón y remueve. Deja enfriar si lo deseas.

3. Espolvorea copos de coco y almendras y luego sirve.

Rollo de tortilla de espinacas

Preparación: 10 min	Total: 25 min	Raciones: 2

Ingredientes:

- 2 huevos batidos
- 2 cucharaditas de aceite de oliva o de canola
- 2 cucharaditas de tapenada de oliva
- ⅛ cucharadita de copos de pimienta roja
- 2 cucharadas de queso de cabra desmenuzado
- Sal al gusto
- 2 tazas de espinacas tiernas, cortadas

Instrucciones:

1. Pon una sartén a fuego medio. Añade una cucharadita de aceite. Cuando el aceite esté caliente, añade la mitad del huevo batido y gira la sartén. Cocina hasta que la parte

inferior esté hecha. Da la vuelta y cocina durante un minuto. Pasa a un plato.

2. Repite el paso anterior con el huevo restante.
3. Vuelve a poner la sartén al fuego y añade las espinacas. Cocina hasta que las espinacas se marchiten. Retira del fuego.
4. Extiende 1 cucharadita de tapenada sobre cada uno de los huevos cocidos.
5. Espolvorea la mitad del queso de cabra y la mitad de las espinacas sobre cada una. Espolvorea los copos de pimiento y la sal.
6. Enrolla y sirve con una salsa de tu elección.

Parfait de ricotta y yogur

| Preparación: 10 min | Total: 15 min | Raciones: 2 |

Ingredientes:

- ½ taza de queso ricotta semidesnatado
- 1 ½ tazas de yogur griego de vainilla sin grasa
- ½ taza de frambuesas o cualquier otra baya de tu elección
- 1 cucharadita de ralladura de limón
- 2 cucharaditas de semillas de chía
- 2 cucharadas de almendras fileteadas

Instrucciones:

1. Añade el yogur, el queso ricotta y la ralladura de limón en un bol y remueve.
2. Divide y vierte en 2 vasos de parfait. Deja enfriar si lo deseas.

3. Espolvorea las semillas de chía, las frambuesas y las almendras por encima y sirve.

Tacos de desayuno

Preparación: 10 min	Total: 20 min	Raciones: 4

Ingredientes:

- 8 huevos grandes, ligeramente batidos
- 1 cebolla grande picada
- 2 cucharadas de aceite de oliva virgen extra
- 4 dientes de ajo picados
- 12 tomatillos medianos, descascarillados, enjuagados y picados gruesos
- Sal al gusto
- Pimienta en polvo al gusto
- ½ taza de queso feta desmenuzado
- 8 tortillas pequeñas de maíz o de trigo integral o tacos

Instrucciones:

1. Pon una sartén a fuego medio. Añade el aceite. Cuando el aceite esté caliente, agrega los tomatillos, la cebolla y el ajo y cocina hasta que estén casi secos.

2. Añade los huevos, la sal y la pimienta. Remueve y cocina hasta que los huevos estén cuajados.

3. Calienta las tortillas, si lo deseas, según las instrucciones del paquete.

4. Divide la mezcla en las tortillas o tacos. Adorna con queso y sirve.

Tortilla Denver al horno

Preparación: 15 min	Total: 45 min	Raciones: 3

Ingredientes:

- 4 huevos grandes
- 1 cebolla pequeña, finamente picada
- ¼ de taza de pimiento verde, finamente picado
- ¼ de taza de pimiento rojo, finamente picado
- 2 cucharaditas de aceite de oliva
- ½ taza de jamón cocido, picado
- 3 cucharadas de leche
- ¼ de taza de queso cheddar bajo en grasas, rallado
- Una pizca de salsa picante para servir
- Cebollino picado para servir

- Rodajas de aguacate para servir (opcional)
- Sal al gusto
- Pimienta en polvo al gusto

Instrucciones:

1. Pon una sartén a fuego medio-alto. Añade el aceite. Cuando el aceite esté caliente, añade la cebolla y los pimientos y saltea hasta que las verduras estén blandas. Retira del fuego.

2. Coloca los trozos de jamón en una fuente de horno pequeña y engrasada (6X6 pulgadas). Coloca encima las verduras cocidas.

3. Espolvorea el queso por encima.

4. Bate los huevos, la sal, la pimienta y la leche en un bol y viértelos sobre el queso en la fuente de horno.

5. Hornea en un horno precalentado a 400 °F hasta que se cuaje. Corta en cuñas.

6. Espolvorea con cebollino, salpica con salsa picante y sirve con una rodaja de aguacate si deseas.

Yellow Mellow

| Preparación: 10 min | Total: 12 min | Raciones: 4 |

Ingredientes:

- 1 ½ tazas de mango fresco y maduro, sin hueso, pelado y cortado en trozos
- 3 plátanos medianos, pelados, cortados y congelados
- 2 ½ tazas de agua
- 3 cucharadas de mantequilla de almendra cruda
- 1/3 de taza de semillas de cáñamo crudas, sin cáscara
- 1 ½ cucharaditas de extracto de vainilla
- 1 ½ cucharadas de miel
- Una pizca de sal

Instrucciones:

1. Añade todos los ingredientes en una batidora y bátelos hasta que queden homogéneos.

2. Sirve en vasos altos con hielo picado.

Magdalenas de pizza y huevo

| Preparación: 10 min | Total: 45 min | Raciones: 6 |

Ingredientes:

- ½ taza de brócoli picado y cocido
- 4 huevos grandes
- 4 onzas de champiñones cortados en rodajas
- 1 cucharada de leche de coco o leche desnatada
- 2 cucharadas de aceitunas negras en rodajas
- 1 cucharadita de aceite de canola
- ½ cucharada de condimento para pizza
- ¼ de cucharadita de sal o al gusto
- ¼ de cucharadita de pimienta en polvo o al gusto

Instrucciones:

1. Pon una sartén a fuego medio-alto. Añade el aceite. Cuando el aceite esté caliente, añade las setas y saltéalas hasta que estén ligeramente doradas. Retira del fuego; añade el brócoli y las aceitunas y remueve.

2. Pon un poco de esta mezcla en una bandeja de magdalenas forrada y engrasada para llenar aproximadamente ¼ de cada una.

3. Bate los huevos, la leche, el condimento para pizza, la sal y la pimienta en un bol. Vierte esta mezcla en la bandeja de magdalenas sobre las verduras de forma que se llene hasta ⅔ cada uno.

4. Coloca la bandeja de muffins en el horno precalentado y hornea a 350 °F durante 20-25 minutos o hasta que al insertar un palillo en el centro del muffin, éste salga limpio.

Tazón de acaí con calabaza y papaya

| Preparación: 10 min | Total: 15 min | Raciones: 6 |

Ingredientes:

Para el tazón de acaí:

- 1 taza de papaya
- 1 taza de calabaza enlatada
- 2 plátanos medianos, cortados en rodajas
- 2 paquetes de batidos de acaí congelados, sin endulzar
- 1 cucharada de canela molida
- 1 cucharada de especia de pastel de calabaza
- 2 cucharadas de maca en polvo
- 2 tazas de leche de almendras

Para servir:

- 1 taza de bayas de goji

- ½ taza de anacardos picados y tostados
- Unas cuantas rodajas de papaya
- Unas rodajas de plátano
- ½ taza de semillas de granada
- ½ taza de granola

Instrucciones:

1. Añade todos los ingredientes del tazón de acaí en la batidora y bátelos hasta que queden homogéneos. Vierte en 6 cuencos para servir. Enfría si lo deseas.
2. Añade la papaya, el plátano y los granos de granada y remueve.
3. Espolvorea las bayas de goji, los anacardos y la granola por encima y sirve.

Tortitas de plátano

| Preparación: 10 min | Total: 25 min | Raciones: 2-3 |

Ingredientes:

- ¾ de taza de avena de cocción rápida
- 2 cucharadas de requesón al 1%, sin sal
- 6 claras de huevo
- 1 plátano pequeño, pelado y picado
- 1 cucharadita de extracto de vainilla
- 2 cucharadas de nueces picadas
- ½ cucharadita de canela molida
- 2 cucharadas de aceite de coco o más si es necesario

Instrucciones:

1. Añade todos los ingredientes, excepto el aceite de coco, en una batidora y bátelos hasta que queden bien. Pasa a un bol. Si la masa te parece demasiado acuosa, añade un poco de harina de avena y remueve.
2. Pon una sartén antiadherente a fuego medio. Añade una cucharadita de aceite de coco. Cuando el aceite se derrita, añade aproximadamente ¼ de taza de la masa. Agita la sartén ligeramente para que la masa se extienda.
3. Cocina hasta que la parte inferior esté dorada. Da la vuelta y cocina también el otro lado. Retira de la sartén y mantén caliente.
4. Repite los 2 pasos anteriores con el resto de la masa.
5. Sirve caliente con un chorrito de miel o néctar de agave.

Tofu revuelto

| Preparación: 10 min | Total: 25 min | Raciones: 4 |

Ingredientes:

- 2 cucharadas de aceite de oliva
- 2 manojos de cebollas verdes picadas, coloca las partes blancas y las verdes por separado
- 2 tomates grandes picados
- 2 paquetes (12 onzas cada uno) de tofu sedoso firme, escurrido y desmenuzado
- ½ cucharadita de cúrcuma molida
- Sal al gusto
- Pimienta en polvo al gusto
- ½ cucharadita de copos de chile rojo
- 1 taza de queso cheddar rallado (opcional)

- Cualquier otro condimento de tu elección (opcional)

Instrucciones:

1. Pon una sartén a fuego medio. Añade el aceite. Cuando el aceite esté caliente, añade las cebollas blancas. Saltea hasta que estén translúcidas.

2. Añade la cúrcuma, la sal, los copos de chile rojo, la pimienta y los condimentos que desees, si los utilizas. Saltea durante unos segundos hasta que se sienta el aroma.

3. Añade los tomates y cocina durante 4-5 minutos

4. Añade el tofu y las hojas de cebolla y remueve.

5. Baja el fuego y deja que se caliente bien. Espolvorea el queso cheddar, si lo utilizas, y sirve.

Pan de plátano y manzana

Preparación: 15 min	Total: 1 hr. 15 min	Raciones: 6-8

Ingredientes:

Para el pan de plátano:

- 2 tazas de salvado de avena
- 2 tazas de harina de almendra
- 1 taza de aceite de oliva extra ligero
- ½ cucharadita de nuez moscada molida
- 2 cucharaditas de polvo de hornea
- 4 cucharadas de Stevia en polvo
- 1 cucharadita de canela molida
- 6 plátanos demasiado maduros, triturados
- ½ taza de leche de almendras

- 1 cucharadita de extracto de vainilla
- 4 huevos

Para las manzanas:

- 4 manzanas tipo Granny Smith, peladas, sin corazón, picadas
- 1 cucharadita de canela molida
- 2 cucharadas de estevia
- 1 cucharadita de extracto de vainilla

Instrucciones:

1. Para cocinar las manzanas: Añade las manzanas, el extracto de vainilla, la Stevia y la canela a una sartén y ponla a fuego medio. Cocina hasta que se doren. Retira del fuego y reserva.

2. Para hacer el pan de plátano: Añade todos los ingredientes secos en un bol grande y remueve.

3. Añade el aceite, los huevos, la leche de almendras y la vainilla a un bol y bate bien.

4. Vierte en la mezcla de ingredientes secos poco a poco. Remueve hasta que esté bien combinada cada vez.

5. Añade los plátanos y remueve.

6. Añade la mezcla de manzanas y mezcla suavemente.

7. Vierte la masa en un molde para pan engrasado.

8. Hornea en un horno precalentado a 350 °F durante unos 50 minutos o hasta que un palillo, al insertarlo en el centro, salga limpio.

9. Deja enfriar completamente.

10. Corta y sirve.

Batido de superalimentos

| Preparación: 10 min | Total: 12 min | Raciones: 4 |

Ingredientes:

- 2 plátanos pequeños, pelados, cortados y congelados
- 2 tazas de espinacas tiernas
- 2 tazas de bayas congeladas de tu elección
- 1 pulgada de jengibre fresco, pelado y cortado en rodajas
- 2 tazas de té verde frío
- 1 taza de kéfir o de yogur griego natural bajo en grasas
- 1 taza de zumo de granada

Instrucciones:

1. Añade todos los ingredientes en una batidora y bátelos hasta que queden homogéneos.
2. Sirve en vasos altos con hielo picado.

Huevo blanco y aguacate al horno

| Preparación: 5 min | Total: 20 min | Raciones: 4 |

Ingredientes:

- 10 claras de huevo
- 1 cucharada de mantequilla sin sal
- 2 aguacates Hass maduros, pelados, sin hueso y cortados en rodajas
- Sal al gusto
- Pimienta en polvo al gusto

Instrucciones:

1. Bate las claras de huevo con sal y pimienta. Añade la mitad de las rodajas de aguacate.

2. Engrasa una fuente de horno con mantequilla. Vierte en ella la mezcla de claras de huevo.

3. Hornea en un horno precalentado a 375 °F durante unos 15 minutos o hasta que se cuaje.

4. Corta en gajos y sirve con las rodajas de aguacate restantes.

Capítulo 3: Recetas de bocadillos de comida limpia

Zanahoria con salsa de aguacate

Preparación: 10 min	Total: 12 min	Raciones: 6-8

Ingredientes:

- 2 aguacates maduros, pelados, sin hueso y picados
- 3 tazas de tirabeques sin cáscara, cocidos al vapor y enfriados
- 2-3 cucharadas de zumo de lima
- 2 dientes de ajo cortados por la mitad
- Sal al gusto
- ½ cucharadita de pimienta de cayena
- Zanahorias peladas, cortadas en palitos como dedos

Instrucciones:

1. Añade todos los ingredientes, excepto las zanahorias, en la batidora y bate hasta que esté suave.

2. Pasa a cuencos individuales para servir.

3. Sirve con palitos de zanahoria.

Paletas de fresa

Preparación: 10 min	Total: 20 min + tiempo de congelación	Raciones: 2

Ingredientes:

- 1 ½ tazas de zumo de piña
- 6 tazas de fresas, descascaradas y cortadas por la mitad
- 2 plátanos maduros, pelados y picados
- 6 cucharadas de miel.

Instrucciones:

1. Pon un cazo a fuego medio. Añade las fresas y el zumo de piña y cocina a fuego lento durante 5- 6 minutos.
2. Retira del fuego y deja enfriar completamente.
3. Pasa a una batidora junto con los plátanos y bate hasta que esté suave.

4. Rellena los moldes de paletas. Coloca palos en cada molde y congela.

5. Saca de los moldes y sirve.

Semillas de calabaza con sabor a chile y lima

| Preparación: 5 min | Total: 20 min | Raciones: 12 |

Ingredientes:

- 6 tazas de semillas de calabaza crudas (pepitas)
- 2 cucharadas de mantequilla o ghee derretido (opcional)
- 2 cucharaditas de pimienta de cayena
- 2 cucharaditas de chile en polvo o al gusto
- 1 ½ cucharaditas de sal marina
- ⅓ taza de zumo de limón fresco

Instrucciones:

1. Coloca las semillas en una fuente de horno. Añade el ghee, el zumo de limón, la pimienta de cayena, el chile en polvo, la sal marina y la pimienta de cayena y remueve bien.

2. Hornea en un horno precalentado a 275 °F durante unos 10-15 minutos o hasta que esté hecho. Deja enfriar y guarda en un recipiente hermético en la nevera.

Nota: También puedes hacer nueces picantes utilizando los mismos ingredientes y sustituyendo las semillas de calabaza por los frutos secos que prefieras.

Barras de avena con mantequilla de cacahuete y miel

Preparación: 5 min	Total: 10 min	Raciones: 8

Ingredientes:

- ¼ de taza de cacahuetes tostados con miel, picados
- ¼ de taza de miel
- 3 cucharadas de mantequilla de cacahuete
- 2 cucharaditas de aceite de coco
- ¼ de cucharadita de canela molida
- ¼ de cucharadita de extracto de vainilla
- 1 taza de avena

Instrucciones:

1. Forra un pequeño molde para hornea con papel pergamino de manera que el papel cuelgue por los lados.

2. Añade la miel, el aceite y la mantequilla de cacahuete en un bol apto para microondas. Calienta en el microondas durante 20-30 segundos o hasta que la mantequilla de cacahuete se derrita por completo.

3. Retira del microondas y añade el resto de los ingredientes. Mezcla bien y vierte en el molde. Extiende la mezcla y presiona con el dorso de una cuchara.

4. Hornea en un horno precalentado a 300° F durante unos 20 minutos o hasta que la parte superior tenga un color marrón claro.

5. Retira del horno y presiona una vez más.

6. Deja enfriar un poco y corta en rodajas.

7. Deja enfriar completamente y sirve.

Batatas fritas

| Preparación: 10 min | Total: 40 min | Raciones: 4 |

Ingredientes:

- 4 batatas medianas, peladas y cortadas en juliana
- 1 cucharadita de chile en polvo
- 1 cucharadita de pimienta en polvo
- 1 cucharadita de comino en polvo
- ½ cucharadita de pimienta de cayena
- Sal marina al gusto
- 2 cucharadas de aceite de oliva virgen extra

Instrucciones:

1. Añade todos los ingredientes en un bol y mézclalos bien.
2. Pasa a una bandeja de horno engrasada, formando una sola capa.

3. Hornea en un horno precalentado a 425 °F durante unos 30 minutos o hasta que la parte superior tenga un color marrón claro. Se deben estar tiernos por dentro y crujientes por fuera. Da la vuelta a las batatas a mitad de la cocción.

Chips de col del suroeste

Preparación: 15 min	Total: 45 min	Raciones: 3-4

Ingredientes:

- 2 manojos de hojas de col rizada, desechando los tallos duros, enjuagadas, escurridas, secadas a golpecitos, desmenuzadas
- Spray de cocina
- Sal al gusto
- ½ cucharadita de pimienta en polvo
- 1 cucharadita de pimienta de cayena
- 1 cucharadita de chile en polvo
- ¼ de cucharadita de ajo en polvo
- 1 cucharadita de comino en polvo
- 4 cucharaditas de vinagre de sidra de manzana

Instrucciones:

1. Añade todos los ingredientes, excepto la col rizada, a un bol y espolvoréalos sobre la col rizada. Rocía con spray de cocina. Reserva durante un rato.

2. Extiende las hojas en una bandeja de horno engrasada.

3. Hornea en un horno precalentado a 250 °F durante unos 20 minutos o hasta que estén crujientes.

4. Saca del horno y pasa a un plato forrado con papel de cocina.

5. Deja enfriar por completo y guárdalo en un recipiente hermético.

Nota: Puedes sustituir la col rizada por las hojas de las coles de Bruselas o por rodajas de calabacín.

Rollos de espinacas con ricotta y pistachos

Preparación: 10 min	Total: 25 min	Raciones: 8

Ingredientes:

- 4 cucharadas de aceite de oliva virgen extra, divididas
- 18 onzas de espinacas frescas, enjuagadas, desechando los tallos duros, picadas finamente
- 14 onzas de ricotta parcialmente descremada
- ½ taza de queso parmesano bajo en grasa, rallado, dividido
- 1 cucharadita de nuez moscada molida
- 8 láminas de lasaña integral, cocinadas según las instrucciones del paquete
- 2 tazas de pistachos finamente picados
- Sal al gusto

Instrucciones:

1. Pon una sartén a fuego medio. Añade la mitad del aceite. Cuando el aceite esté caliente, añade las espinacas y la sal y saltea hasta que las espinacas se marchiten. Retira del fuego y deja enfriar completamente. Pasa a un bol.

2. Añade el requesón, la mitad del parmesano, la nuez moscada, los pistachos y la sal y reserva.

3. Seca las hojas de lasaña cocidas. Coloca una hoja de lasaña en tu área de trabajo.

4. Extiende la mezcla de queso por encima. Enrolla y reserva.

5. Repite con el resto de la mezcla y las láminas de lasaña.

6. Corta en rodajas de 1-2 pulgadas.

7. Rocía el aceite restante por encima y espolvorea el queso restante y sirve tal cual o calienta en el microondas unos segundos hasta que el queso se derrita y sirve.

Piña picante a la parrilla

Preparación: 10 min	Total: 15 min + tiempo de enfriamiento	Raciones: 6-8

Ingredientes:

- 2 latas (8 onzas cada una) de rodajas de piña sin azúcar (también puedes utilizar rodajas de piña fresca)
- 2 jalapeños grandes, sin semillas, picados
- Zumo de 2 limas
- ¼ de cucharadita de pimienta de cayena
- ½ cucharadita de chile en polvo
- Sal al gusto

Instrucciones:

1. Precalienta una parrilla y asa los trozos de piña por ambos lados hasta que se doren.

2. Una vez que se haya enfriado lo suficiente como para poder manipularla, corta las rodajas de piña en trozos del tamaño de un bocado. Pasa a un bol.

3. Añade el resto de los ingredientes. Mezcla bien. Tapa y refrigera durante una hora aproximadamente antes de servir. Remueve un par de veces mientras se enfría.

Albóndigas con salsa teriyaki

| Preparación: 20 min | Total: 45 min | Raciones: 8 |

Ingredientes:

- 2 libras de carne molida magra o de pavo
- 4 cucharadas de miel
- 5 cucharadas de salsa de soja ligera
- 4 cucharadas de vinagre de vino de arroz
- 4 rebanadas de pan integral, desechar la corteza
- 1 cebolla picada
- 2 cebollas verdes picadas para decorar
- ½ taza de leche
- 2 cucharadas de semillas de sésamo tostadas y más para decorar

- Sal al gusto

- Pimienta en polvo al gusto

- 2 cucharadas de aceite de sésamo

- ¼ de taza de aceite de oliva

- 2 huevos

Instrucciones:

1. Para hacer la salsa teriyaki: Mezcla en un bol la salsa de soja, la miel y el vinagre de vino de arroz y reserva.

2. Coloca las rebanadas de pan en un bol. Vierte la leche por encima. Deja reposar unos minutos y luego aprieta el pan para que escurra el exceso de leche.

3. Mezcla en un bol grande el resto de los ingredientes, excepto el aceite de oliva. Añade el pan y mezcla bien con las manos.

4. Haz bolitas con la mezcla y reserva.

5. Pon una sartén antiadherente a fuego medio. Añade 3 cucharadas de aceite de oliva. Cuando el aceite esté caliente, añade las albóndigas y cocínalas hasta que se doren por todos los lados. Si la sartén se llena demasiado, cocina las albóndigas en tandas.

6. Añade la salsa teriyaki y mezcla bien. Calienta bien.

7. Adorna con cebollas verdes y semillas de sésamo. Fija palillos en las bolas y sirve inmediatamente.

Mini sándwiches de mantequilla de cacahuete

| Preparación: 10 min | Total: 15 min | Raciones: 6 |

Ingredientes:

- 2 plátanos grandes, cortados en rodajas uniformes (unas 30 rodajas)
- 6 fresas medianas, cortadas en rodajas uniformes (unas 15 rodajas)
- 3 cucharadas de mantequilla de cacahuete

Instrucciones:

1. Reparte 15 rodajas de plátano en un plato y extiende la mantequilla de cacahuete sobre cada una de ellas.
2. Coloca una rodaja de fresa sobre cada uno de los 15 plátanos con mantequilla.
3. Cubre cada uno con las 15 rodajas de plátano restantes.

4. Los mini sándwiches de mantequilla de cacahuete están listos para servir.

Garbanzos especiados "locos"

Preparación: 5 min	Total: 50 min	Raciones: 6-8

Ingredientes:

- 2 latas (15 onzas cada una) de garbanzos, enjuagados o utiliza una cantidad equivalente de garbanzos cocidos, secados a golpecitos
- 4 cucharaditas de comino molido
- ½ cucharadita de pimienta de Jamaica molida
- 2 cucharaditas de mejorana seca
- 2 cucharadas de aceite de oliva
- ½ cucharadita de sal o al gusto

Instrucciones:

1. Añade todos los ingredientes a un bol y mezcla hasta que los garbanzos estén bien cubiertos.

2. Pasa a una bandeja de horno con borde.

3. Hornea en un horno precalentado a 250 °F durante unos 25 - 30 minutos o hasta que estén crujientes.

4. Saca del horno y pasa a un plato forrado con papel de cocina.

5. Deja enfriar por completo y guárdalo en un recipiente hermético.

Wraps de lechuga

| Preparación: 5 min | Total: 15 min | Raciones: 4 |

Ingredientes:

- 8 hojas de lechuga iceberg
- 4 rebanadas de pavo asado
- ½ pepino, en rodajas
- 1 tomate en rodajas
- Humus según necesidad
- ¼ de cucharadita de pimentón
- Sal al gusto

Instrucciones:

1. Extiende 4 hojas de lechuga en tu área de trabajo.
2. Coloca una loncha de pavo en 4 de las hojas.

3. Pon unas rodajas de pepino y tomates. Añade una cucharada de humus. Espolvorea pimentón y sal.

4. Dobla y envuelve otra hoja de lechuga por encima.

Barcos de pepino

Preparación: 10 min	Total: 12 min	Raciones: 4

Ingredientes:

- 2 pepinos, pelados, cortados en 2 (a lo largo), sin pepitas
- 5-6 cucharadas de humus o según las necesidades
- 8 tomates baby, cortados en rodajas
- Un puñado de rúcula
- 1 zanahoria rallada
- Pimienta en polvo al gusto
- Sal al gusto

Instrucciones:

1. Unta el interior de los botes del pepino con humus. Extiende la rúcula, las zanahorias y los tomates por encima.
2. Salpimienta y sirve.

Edamame crujiente

| Preparación: 5 min | Total: 50 min | Raciones: 2 |

Ingredientes:

- 8 onzas de edamame congelado, sin cáscara, descongelado
- 2 cucharaditas de zumo de limón
- 2 cucharaditas de aceite de oliva
- Sal al gusto
- Pimienta al gusto

Instrucciones:

1. Pon el edamame en un bol. Añade el aceite y el zumo de limón.
2. Colócalos en una bandeja para hornear forrada con papel de aluminio y hornéalas en un horno precalentado a 375 °F

durante unos 45 minutos o hasta que estén ligeramente dorados y crujientes.

3. Saca del horno y salpimienta de inmediato, luego, deja enfriar completamente y guarda en un recipiente hermético.

Pizza de pita

Preparación: min	Total: min	Raciones: 4-6

Ingredientes:

Para la pizza:

- 2 panes de pita integrales
- 1 ½ onzas de queso mozzarella rallado
- ½ pimiento amarillo, sin pepitas, picado en tiras finas

Para la salsa de tomate:

- 1 cebolla amarilla pequeña, pelada y picada en trozos de 1 cm
- 1 hoja de laurel pequeña
- 7 onzas de tomates enteros enlatados, pelados y picados
- ½ cucharadita de aceite de oliva
- 1 diente de ajo, pelado y picado

- ¼ de cucharadita de albahaca seca
- ¼ de cucharadita de orégano seco
- ¼ de cucharadita de copos de pimienta roja triturados
- 2 cucharadas de pasta de tomate

Instrucciones:

1. Para hacer la salsa de tomate: Pon una sartén a fuego medio. Añade el aceite. Cuando el aceite esté caliente, añade la cebolla y el ajo y saltéalos hasta que se doren.
2. Añade el orégano, la albahaca, la hoja de laurel, los copos de pimienta roja, los tomates y la pasta de tomate.
3. Mezcla bien y lleva a ebullición.
4. Baja el fuego a medio-bajo y deja cocina un rato hasta que el líquido se haya secado. Desecha la hoja de laurel

5. Coloca el pan de pita en una bandeja para hornear. Divide y extiende la salsa de tomate por encima. Espolvorea las tiras de pimiento y luego el queso mozzarella.

6. Hornea en un horno precalentado a 350 °F durante unos 20 minutos o hasta que el queso se derrita.

7. Retira las pizzas del horno y pásalas a tu zona de trabajo. Adorna con albahaca, corta cada pizza en 12 porciones y sirve.

Capítulo 4: Recetas de comidas limpias

Salmón salvaje con lentejas y rúcula

Preparación: 10 min	Total: 1 hr. 20 min.	Raciones: 6

Ingredientes:

- 1 ½ tazas de lentejas verdes, enjuagadas, remojadas en agua durante 5-6 horas
- 6 filetes (6 onzas cada uno) de salmón salvaje, sin piel
- 5 tazas de rúcula pequeña
- 2 tallos de apio picados
- 2 zanahorias peladas y cortadas en dados
- 1 cebolla grande picada
- 2 hojas de laurel
- 3 cucharadas de aceite de oliva virgen extra, más una cantidad extra para rociar

- 2 cucharadas de zumo de limón

- Sal marina al gusto

- Pimienta en polvo al gusto

Instrucciones:

1. Añade las cebollas, las zanahorias, el apio, el laurel y las lentejas a una olla grande y ponla a fuego medio. Lleva a ebullición.

2. Baja el fuego, tapa y cocina hasta que estén tiernos. Escurre y reserva. Añade sal, pimienta, aceite y zumo de limón y rúcula, mezcla bien, tapa y reserva.

3. Coloca los filetes en una fuente de horno. Rocía con aceite de oliva y espolvorea con sal y pimienta. Cubre con papel de aluminio.

4. Hornea en un horno precalentado a 375 °F hasta que esté hecho. Desenvuelve.

Sopa de fideos de tofu

Preparación: min	Total: min	Raciones: 8

Ingredientes:

- 9 tazas de agua
- 3 tazas de tofu picado
- 3 zanahorias peladas y picadas
- 10 judías verdes, cortadas en trozos de ½ cm
- 1 pimiento verde picado
- 1 pimiento rojo picado
- 2 tazas de col picada
- 1 ½ tazas de maíz fresco o congelado
- ½ taza de perejil picado
- 5 tallos de apio picados

- 10 cucharadas de caldo vegetariano en polvo
- 1 ½ cucharaditas de sal marina o sal del Himalaya
- 1 cucharadita de pimienta en polvo
- Una pizca de salsa picante para servir
- ¾ de caja de espaguetis de quinoa, rotos en trozos de 2 pulgadas

Instrucciones:

1. Añade todos los ingredientes, excepto los fideos, a una olla para sopa o a una cacerola grande. Pon la cacerola a fuego medio. Lleva a ebullición.
2. Baja el fuego, tapa y cocina a fuego lento hasta que las verduras estén tiernas.
3. Añade los fideos y cocina hasta que estén al dente.
4. Sirve en tazones de sopa individuales. Añade una pizca de salsa picante y sirve inmediatamente.

Pizza de tacos de pollo

| Preparación: 15 min | Total: 45 min | Raciones: 8 |
|---|---|---|//
| | | |

Ingredientes:

- 2 cortezas de pizza integrales, recién hechas o congeladas
- 2 pechugas de pollo congeladas, sin piel y sin hueso, descongeladas y cortadas en trozos del tamaño de un bocado
- 2 tazas de maíz congelado, descongelado
- 2 tazas de frijoles negros cocidos, enjuagados y escurridos
- 1 taza de salsa y más para servir
- 2 tazas de queso mozzarella semidesnatado rallado, dividido
- ½ taza de cilantro fresco, picado

Instrucciones:

1. Coloca las cortezas de pizza en una bandeja de horno grande. Divide la salsa y extiéndela sobre las dos cortezas. Espolvorea la mitad del queso sobre la salsa.

2. Espolvorea los frijoles, el maíz y el pollo sobre el queso. Por último, cubre con la mitad restante del queso.

3. Hornea en un horno precalentado a 425 °F hasta que el queso esté derretido y ligeramente dorado.

4. Saca del horno y espolvorea con cilantro. Corta en gajos y sirve con un poco más de salsa.

Ensalada de arroz integral con manzanas, nueces y cerezas

Preparación: 15 min	Total: 45 min	Raciones: 4-5

Ingredientes:

- 2 tazas de arroz integral, enjuagado, cocido según las instrucciones del paquete
- 2 manzanas, cortadas en trozos de ½ pulgada
- 1 ½ tazas de guisantes congelados, descongelados
- ⅔ taza de nueces picadas
- ½ taza de cerezas secas, picadas en trozos grandes
- 2 manojos de cebollino, finamente picado

Para el aderezo:

- 4 dientes de ajo picados

- 2 cucharadas de jarabe de agave
- 4 cucharadas de aceite de canola
- ½ taza de semillas de sésamo tostadas
- 2 cucharaditas de pasta de miso amarilla
- 4 cucharadas de vinagre balsámico

Instrucciones:

1. Esponja el arroz cocido y deja enfriar completamente.
2. Mezcla todos los ingredientes de la ensalada en un bol grande. Añade el arroz y mezcla bien.
3. Para hacer el aderezo: Mezcla todos los ingredientes del aliño. Bate bien.
4. Vierte sobre la ensalada. Mezcla bien y sirve.

Quinoa de pollo y brócoli en una olla

Preparación: 15 min	Total: 40 min	Raciones: 3

Ingredientes:

Para el pollo:

- 1 libra de pechugas de pollo, sin piel y sin hueso, cortadas en trozos de 1 pulgada
- ½ cucharadita de pimienta de Jamaica molida
- ½ cucharadita de sal rosa del Himalaya
- ¼ de cucharadita de comino molido
- ½ cucharada de aceite de oliva
- Pimienta negra en polvo al gusto
- Sal al gusto

Para la quinoa:

- ¾ de taza de quinoa, enjuagada

- ½ taza de agua caliente

- 1 cebolla mediana picada

- 1 zanahoria mediana, pelada y rallada

- 2 dientes de ajo picados

- ½ cucharadita de aceite de oliva virgen extra

- ½ libra de brócoli, cortado en ramilletes

- 1 hoja de laurel

Instrucciones:

1. Pon una sartén profunda a fuego medio-alto. Añade todos los ingredientes del pollo y cocina hasta que se dore. Pasa a un bol.

2. Vuelve a poner la sartén al fuego. Añade el aceite, las cebollas, el ajo y las zanahorias y saltea durante unos 5 minutos.

3. Añade el pollo y todos los ingredientes de la quinoa excepto el brócoli y cocina hasta que el agua esté casi seca.

4. Añade el brócoli y remueve.

5. Baja el fuego, tapa y cocina durante 4 - 5 minutos.

6. Sirve caliente. Las sobras se pueden refrigerar en un recipiente hermético durante un par de días.

Gambas al curry

| Preparación: 15 min | Total: 30 min | Raciones: 6 |

Ingredientes:

- 2 libras de camarones grandes, pelados
- 2 cebollas medianas picadas
- 1 taza de tomates triturados
- 8 dientes de ajo picados
- 4 cucharaditas de jengibre picado
- 1 cucharadita de cúrcuma molida
- 1 cucharadita de comino molido
- 1 cucharadita de cilantro molido
- 2 manojos de cilantro fresco, picado
- ⅓ taza de zumo de lima
- 4 cucharadas de aceite de oliva

Instrucciones:

1. Pon una cacerola grande a fuego medio. Añade el aceite. Cuando el aceite esté caliente, añade las cebollas y el ajo y saltea hasta que las cebollas estén translúcidas.

2. Añade los tomates, el jengibre, el comino, el cilantro y la cúrcuma y mezcla bien.

3. Baja el fuego y cocina a fuego lento durante 5 - 6 minutos. Añade las gambas y cocina hasta que estén hechas. Añade el cilantro y remueve.

4. Retira del fuego. Agrega el jugo de limón y sirve sobre el arroz integral cocido.

Ensalada de quinoa con espárragos, dátiles y naranja

| Preparación: 15 min | Total: 45 min | Raciones: 2-3 |

Ingredientes:

- ½ taza de quinoa, sin cocina
- ¼ de taza de cebolla blanca, finamente picada
- ½ taza de gajos de naranja, sin pepitas, picados
- ¼ de libra de espárragos, cortados en rodajas, cocidos al vapor y enfriados
- 1 taza de agua
- 2 cucharadas de nueces tostadas
- 1 cucharada de cebolla roja picada
- 3 dátiles, sin hueso, picados
- ¼ de cucharadita de sal kosher o al gusto
- ½ chile jalapeño, en rodajas

- ½ cucharadita de aceite de oliva

Para el aderezo:

- 1 cucharada de zumo de limón fresco
- 1/2 cucharada de aceite de oliva virgen extra
- 1 diente de ajo picado
- ⅛ cucharadita de sal kosher o al gusto
- ⅛ cucharadita de pimienta negra
- Un puñado de hojas de menta picadas y unas ramitas para decorar

Instrucciones:

1. Pon una sartén antiadherente a fuego medio - alto. Añade el aceite. Cuando el aceite esté caliente, añade las cebollas y saltéalas hasta que estén translúcidas.

2. Añade la quinoa y remueve durante 3-4 minutos. Añade agua y sal y lleva a ebullición.

3. Baja el fuego, tapa y cocina a fuego lento hasta que el agua se haya secado. Retira del fuego y mantén tapado para 15 minutos. Destapa y esponja con un tenedor. Pasa a una fuente de servir.

4. Añade el resto de los ingredientes al bol y mezcla bien.

5. Para hacer el aderezo: Añade todos los ingredientes a un bol pequeño y bate bien.

6. Vierte el aderezo sobre la ensalada y vuelve a mezcla.

7. Decora con ramitas de menta y sirve.

Champiñones Alfredo

| Preparación: 20 min | Total: 45 min | Raciones: 4 |

Ingredientes:

- 16 onzas de rotini de espelta integral o cualquier otra pasta integral, cocida según las instrucciones del paquete
- 1 libra de champiñones mixtos, recortados y cortados en rodajas
- 4 cucharadas de aceite de oliva virgen extra
- 8 dientes de ajo picados
- 14 cucharadas de almendras en rodajas, divididas
- 1 ½ tazas de leche de almendras, sin endulzar
- 1 ½ cucharaditas de sal marina fina, dividida
- 1 cucharadita de pimienta negra en polvo recién molida
- 4 cucharadas de levadura nutricional
- ¼ de taza de perejil fresco picado

Instrucciones:

1. Coloca una sartén grande y profunda o un wok a fuego medio-alto. Añade el aceite. Cuando el aceite esté caliente, añade los champiñones y una cucharadita de sal. Saltea hasta que se doren.
2. Añade el ajo y saltéalo hasta que esté fragante.
3. Mientras tanto, tuesta la mitad de las almendras y resérvalas. Añade las almendras restantes a una batidora y bátelas junto con la levadura nutricional y la leche de almendras hasta que estén suaves y cremosas. Pásalo a la sartén.
4. Añade la pasta, la sal y la pimienta a la sartén y remueve bien.
5. Decora con almendras tostadas y perejil y sirve.

Gazpacho de marisco

Preparación: 20 min	Total: 30 min + enfriamiento	Raciones: 4

Ingredientes:

- 1 libra de vieiras de la bahía, enjuagadas y secadas con palmaditas
- ½ libra de gambas, cocidas, enjuagadas y secadas a golpecitos
- 1 pimiento amarillo grande, cortado en trozos de ¼ de pulgada
- 1 cebolla mediana, picada
- 2 tomates medianos, sin pepitas, picados
- 1 ⅓ tazas de pepino picado
- 6 dientes de ajo, pelados y prensados

- 4 cucharadas de aceite de oliva virgen extra
- 2 latas (4 onzas cada una) de chile verde picado
- 6 tazas de zumo de tomate
- Sal al gusto
- Pimienta recién cortada al gusto
- ½ taza de zumo de limón
- ½ taza de cilantro fresco, picado

Instrucciones:

1. Vierte el zumo de limón sobre las vieiras y resérvalas. Si no te gustan las vieiras crudas, entonces cocínalas al vapor durante un minuto y luego mójalas con el zumo de limón.
2. Añade el resto de los ingredientes en un bol y mezcla bien. Deja reposar un rato.
3. Añade las vieiras. Mezcla bien y deja enfriar durante al menos una hora. Sirve frío en platos de sopa.

Sopa de pollo y arroz integral

| Preparación: 20 min | Total: 50 min | Raciones: 6 |

Ingredientes:

- 1 pechuga de pollo grande, cortada en trozos del tamaño de un bocado
- 3 tallos de apio picados
- 1 cebolla grande picada
- 5 zanahorias medianas, peladas y picadas
- 1 ½ tazas de arroz integral de grano largo
- 2 hojas de laurel
- 2 manojos de berza, sin las costillas duras ni los tallos, cortados en rodajas finas
- 12 tazas de caldo de pollo bajo en sodio, divididas
- 3 tazas de agua

- Sal al gusto

- Pimienta en polvo al gusto

Instrucciones:

1. Pon una olla grande a fuego medio. Añade ½ taza de caldo y lleva a ebullición. Añade las cebollas, las zanahorias y el apio y cocina hasta que las cebollas estén translúcidas.
2. Añade el resto de los ingredientes, excepto la berza, y lleva a ebullición.
3. Baja el fuego, tapa y cocina hasta que estén tiernos. Desecha las hojas de laurel.
4. Añade la col rizada, cocínala hasta que se marchite y sírvela inmediatamente.

Ensalada de fletán

| Preparación: 10 min | Total: 30 min | Raciones: 3 |

Ingredientes:

- 1 libra de verduras mixtas para ensalada, enjuagadas y secadas con palmaditas
- 12 onzas de fletán, filete o bistec
- 8 dientes de ajo, pelados y prensados
- ⅔ taza de zumo de limón fresco
- 2 tazas de caldo de verduras
- ⅓ taza de salvia fresca picada o 2 cucharadas de salvia seca
- Sal al gusto
- Pimienta en polvo al gusto
- 6 cucharadas de aceite de oliva virgen extra (opcional)

Instrucciones:

1. Unta los filetes de fletán con zumo de limón. Espolvorea sal y pimienta.

2. Pon una sartén a fuego medio. Añade el caldo y el fletán, tapa y cocina hasta que esté hecho.

3. Mientras tanto, divide y coloca las verduras de la ensalada en platos individuales.

4. Coloca el pescado cocido sobre las verduras.

5. Desecha el caldo en el que se ha cocinado el fletán. Añade el ajo, la salvia y el zumo de limón a la sartén y caliéntelo durante unos 30 segundos.

6. Retira del fuego y añade aceite de oliva si se utiliza. Rocía sobre la ensalada. Salpimienta y sirve.

Pollo con coles de Bruselas y salsa de mostaza

| Preparación: 15 min | Total: 40 min | Raciones: 2 |

Ingredientes:

- 2 mitades de pechuga de pollo (6 onzas cada una), sin piel y sin hueso
- 3 cucharaditas de aceite de oliva, divididas
- 6 cucharadas de caldo de pollo sin grasa, divididas
- 2 cucharaditas de mantequilla, divididas
- 2 cucharadas de vinagre de sidra de manzana
- 2 cucharaditas de perejil fresco de hoja plana, picado
- 1 cucharada de mostaza de Dijon de grano entero
- 6 onzas de coles de Bruselas, recortadas y cortadas por la mitad
- Sal al gusto

- Pimienta en polvo al gusto

Instrucciones:

1. Pon una sartén para horno a fuego alto. Añade la mitad del aceite. Cuando el aceite esté caliente, añade el pollo. Sazona con sal y pimienta. Cocina hasta que se dore por ambos lados.

2. Retira del fuego y coloca la sartén en el horno precalentado. Hornea a 450 °F durante unos 10 minutos o hasta que estén tiernos.

3. Saca del horno y mantén caliente.

4. Vuelve a poner la sartén a fuego medio-alto. Añade la mitad del caldo y el vinagre de sidra de manzana y lleva a ebullición. Raspa el fondo de la sartén para eliminar los trozos marrones que se han quedado pegados en allí.

5. Baja el fuego y cocina a fuego lento hasta que el caldo esté espeso. Añade la mostaza, 1 cucharadita de mantequilla y el perejil y cocina durante un minuto. Retira del fuego.

6. Pon una sartén antiadherente a fuego medio- alto. Añade el aceite restante y la mantequilla. Cuando la mantequilla se derrita, añade las coles de Bruselas y saltéalas hasta que tengan un color marrón claro. Añade la sal y el caldo restante. Remueve.

7. Tapa y cocina hasta que las coles de Bruselas estén tiernas y crujientes.

8. Coloca el pollo en los platos de servir. Coloca las coles de Bruselas al lado. Vierte el caldo espesado sobre el pollo y sirve.

Capítulo 5: Recetas de cenas de comida limpia

Wraps de lechuga de cerdo a la parrilla con teriyaki

Preparación: 15 min	Total: 2 horas y 30 min	Raciones: 4

Ingredientes:

- 1 lomo de cerdo (aproximadamente 2 libras)
- 2 cabezas de lechuga Boston, separa las hojas, enjuaga y seca con palmaditas
- ⅔ de taza de salsa teriyaki más una cantidad extra para servir
- 1 taza de zanahorias peladas y ralladas
- 1 taza de rábano rallado

- 1 taza de pepino rallado
- 1 taza de col de Napa, rallada
- 1 taza de hierbas frescas mezcladas de tu elección, picadas

Instrucciones:

1. Coloca la carne de cerdo en un bol y vierte la salsa teriyaki por encima. Cubre bien y deja marinar durante al menos un par de horas en el frigorífico.
2. Precalienta la parrilla a temperatura media-alta. Saca con cuidado la carne de cerdo del recipiente desechando el resto de la marinada y colócala en la parrilla.
3. Asa a la parrilla hasta que esté dorado y tierno. Gira la carne de cerdo con frecuencia mientras se asa. Si crees que la carne de cerdo se está dorando y no se está cocinando por dentro, muévela a una parte comparativamente más fría de la parrilla.

4. Cuando esté hecho, coloca la carne de cerdo en la tabla de cortar. Cuando esté lo suficientemente fría como para manejarla, córtala en tiras finas.

5. Coloca las hojas de lechuga en platos individuales.

6. Espolvorea las verduras sobre las hojas. Coloca las tiras de cerdo encima. Espolvorea hierbas mixtas. Rocía un poco de salsa teriyaki por encima y sirve.

Curry de batata y tofu

Preparación: 20 min	Total: 45 min	Raciones: 6

Ingredientes:

- 2 batatas grandes, peladas y cortadas en cubos
- 2 cebollas amarillas, finamente picadas
- 28 onzas de tofu, escurrido, cortado en cubos
- 4 cucharadas de aceite de coco o cualquier aceite de tu elección
- 1 cucharada de pasta de jengibre
- 1 cucharada de pasta de ajo
- 4 pimientos (usa 2-3 de color), cortados en cubos de 1 pulgada
- 2 tazas de judías verdes, cortadas en trozos de 2 pulgadas
- 6 chiles verdes molidos
- 2 latas de leche de coco

- 2 latas de agua
- 15-20 hojas de curry
- 1 cucharadita de comino molido
- 2 cucharaditas de cúrcuma molida
- Sal al gusto

Para servir:

- 1 taza de cacahuetes tostados
- Arroz cocido, según necesidad
- ¼ de cucharadita de copos de chile rojo
- 4 cebollas verdes, cortadas en rodajas finas

Instrucciones:

1. Pon un wok grande a fuego medio. Añade el aceite. Cuando el aceite esté caliente, añade las cebollas y saltéalas hasta que estén translúcidas.

2. Añade la pasta de chile verde, la pasta de jengibre, la pasta de ajo, la cúrcuma y el comino molido y saltea hasta que esté ligeramente dorado.

3. Añade las batatas y saltea durante 4-5 minutos. Remueve con frecuencia. Puedes rociar agua si crees que la mezcla se está quemando.

4. Añade las judías y los pimientos y saltéalos durante 4-5 minutos.

5. Añade el tofu, la leche de coco, el agua y la sal. Remueve bien.

6. Tapa y cocina hasta que las batatas estén tiernos. Prueba y ajusta la sazón si es necesario.

7. Coloca el arroz integral cocido en platos individuales. Vierte el curry por encima. Espolvorea los cacahuetes, los copos de chile y las cebollas verdes por encima y sirve.

Risotto cremoso con calabaza

| Preparación: 15 min | Total: 45 min | Raciones: 6 |

Ingredientes:

- 2 tazas de anacardos crudos, remojados en agua durante la noche, escurridos
- 5 tazas de calabaza pelada, sin semillas, picado
- 1 taza de cebolla picada
- 6 dientes de ajo picados
- ½ taza de perejil fresco, finamente picado
- 3 tazas de leche no láctea, como leche de soja o de almendras
- 1 cucharadita de sal marina fina
- 1 cucharadita de canela molida
- 2 paquetes (20 onzas cada uno) de arroz integral congelado

- 1 ½ tazas de caldo vegetal bajo en sodio o más si es necesario

- 4 cucharadas de salvia fresca picada

- ½ cucharadita de pimienta negra recién molida

- Spray de cocina

Instrucciones:

1. Pon una olla grande a fuego medio. Añade la calabaza y cocínala hasta que esté tierna. Retira aproximadamente 1 ½ tazas de la calabaza y reserva.

2. Deja cocina el resto durante otros 10 minutos o hasta que esté muy blanda. Escurre y reserva

3. Mientras tanto, mezcla en una batidora los anacardos, la calabaza ablandada, la leche, la canela y la sal hasta que esté suave y cremosa. Reserva.

4. Coloca una sartén grande a fuego medio. Rocía con spray de cocina. Agrega las cebollas y el ajo y saltea hasta que estén ligeramente dorados.

5. Añade la taza de calabaza que se reservó, el arroz integral y el caldo. Cocina durante 2-3 minutos removiendo con frecuencia. Si lo encuentras demasiado seco, añade un poco más de caldo.

6. Añade la mezcla de anacardos cremosos, la salvia y el perejil. Remueve y baja el fuego. Cocina a fuego lento hasta que el risotto tenga el espesor deseado.

7. Retira del fuego. Espolvorea pimienta negra en polvo y remueve. Sirve caliente.

Pollo al horno con pimientos y champiñones

Preparación: 15 min	Total: 50 min	Raciones: 4

Ingredientes:

- 1 ½ libra de pechuga o muslo de pollo, sin piel y sin hueso
- 1 pimiento grande picado
- 1 taza de champiñones picados
- 1 cebolla finamente picada
- 2 cucharaditas de aceite de coco o aguacate
- ¼ de cucharadita de sal rosa del Himalaya o al gusto
- 1 cucharadita de ajo rallado
- ½ taza de queso mozzarella bajo en grasa, rallado
- Pimienta en polvo al gusto

Instrucciones:

1. Corta el pollo por la mitad a lo largo (si se trata de pechugas) y colócalo en una fuente de horno. Espolvorea sal, pimienta y ajo y mezcla bien.
2. Tapa y hornea en un horno precalentado a 425 °F durante unos 20 minutos o hasta que el pollo esté tierno.
3. Mientras tanto, pon una sartén antiadherente a fuego medio-bajo. Añade el aceite. Cuando el aceite esté caliente, añade las cebollas y saltéalas hasta que estén translúcidas. Añade los champiñones y los pimientos y saltea durante unos minutos hasta que las verduras estén tiernas. Retira del fuego. Cubre el pollo con las verduras cocidas. Espolvorea el queso por encima.
4. Asa durante unos minutos hasta que el queso se derrita.
5. Sirve con quinoa o arroz cocido.

Sopa tailandesa Laksa

| Preparación: 20 min | Total: 50 min | Raciones: 6 |

Ingredientes:

- 3 pechugas de pollo, cortadas en trozos
- 1 libra de langostinos, pelados, con la cola
- 12 tallos y hojas de brócoli chino (kai-lan), cortados en trozos pequeños
- 2 zanahorias peladas y cortadas en tiras
- 2 calabacines, cortados en tiras
- 1 cabeza de brócoli, cortada en ramilletes
- 2 pepinos libaneses, cortados en palitos
- 10 cucharadas de pasta laksa
- 8 cucharadas de salsa de pescado

- 4 tazas de caldo de pollo

- 3 tazas de leche de coco entera

- 2 cucharaditas de azúcar de palma rallada (opcional)

- 1 taza de crema de coco

- 2 cucharadas de aceite de coco

- 2 cucharadas de cilantro fresco picado

- 1 chile tailandés, cortado en dados

- Sal al gusto

- Zumo de 2 limas

Instrucciones:

1. Pon una cacerola grande a fuego medio. Añade el aceite de coco. Cuando el aceite se derrita, añade la pasta de laksa y saltea durante un par de minutos. Remueve constantemente. Añade más aceite de coco si es necesario.

2. Añade el caldo, la salsa de pescado, el azúcar, la sal y el zumo de lima y lleva a ebullición.

3. Añade el pollo y cocínalo durante un par de minutos. Retira el pollo con una espumadera y colócalo en la tabla de cortar. Cuando esté lo suficientemente frío como para manejarlo, córtalo en tiras más finas.

4. Baja el fuego y añade la leche de coco. Cocina a fuego lento durante unos 8-10 minutos.

5. Añade las zanahorias, el kai lan, el brócoli y el pollo. Deja que se cocine durante unos 2 minutos. Añade el calabacín y las gambas y cocina durante otros 2 minutos. Las gambas se rizarán mientras se cocinan.

6. Añade la crema de coco. Remueve y retira del fuego.

7. Sirve la sopa en cuencos individuales.

Pechuga de pavo asada con salsa de chile chipotle

Preparación: 15 min	Total: 30 min	Raciones: 4

Ingredientes:

Para la salsa:

- 1 cebolla grande, picada
- 6 dientes de ajo picados
- 4 chiles chipotles enlatados, picados
- 4 cucharadas de pasta de tomate
- 4 cucharadas de mostaza de Dijon
- 2 tazas de caldo de pollo
- 2 cucharadas de orégano fresco picado
- 4 cucharadas de melaza negra

- 1 cucharada de aceite de oliva

- Sal al gusto

- 1 pechuga de pavo asada, cortada en rodajas para servir

Instrucciones:

1. Para hacer la salsa: Pon una sartén a fuego medio. Añade el aceite. Cuando el aceite esté caliente, añade las cebollas y saltéalas hasta que estén translúcidas. Añade el ajo y saltea hasta que esté fragante.

2. Añade el resto de los ingredientes y cocina a fuego lento hasta que espese.

3. Sirve el pavo asado con un poco de salsa vertida.

Pastel de pastor

Preparación: 15 min	Total: 1 hr. 30 min	Raciones: 6-8

Ingredientes:

- 3 patatas grandes para hornear, peladas y cortadas en dados
- ¾ de taza de leche baja en grasa
- 1 ½ libras de carne molida magra
- 3 cebollas medianas picadas
- 6 dientes de ajo picados
- 3 cucharadas de harina de trigo integral
- 6 tazas de verduras mixtas congeladas
- 1 ½ tazas de caldo de carne bajo en sodio
- ¼ de taza de queso cheddar bajo en grasa, en rodajas

- Pimienta en polvo al gusto
- Sal al gusto

Instrucciones:

1. Pon las patatas en una cacerola cubierta de agua. Cocina hasta que estén blandas. Escurre y tritura las patatas.
2. Añade la leche al puré de patatas y mezcla bien. Reserva.
3. Pon una sartén a fuego medio. Añade la cebolla, el ajo y la carne. Cocina hasta que la carne esté dorada.
4. Añade las verduras y el caldo. Cocina hasta que se calienten bien.
5. Pasa a una fuente de horno grande. Reparte la mezcla de patatas por encima.
6. Espolvorea el queso por encima.
7. Hornea en un horno precalentado a 375 °F durante 25- 30 minutos o hasta que el queso esté ligeramente dorado.

Chuletas de cerdo a la parrilla con salsa de dos melones

Preparación: 15 min	Total: 30 min	Raciones: 6

Ingredientes:

Para la salsa:

- ½ tazas de melón de miel
- 1 ½ tazas de sandía sin semillas
- 1 ½ cucharadas de chile jalapeño, finamente picado
- 1 cebolla dulce grande, finamente picada
- 2 cucharadas de zumo de lima fresco
- 2 cucharadas de cilantro fresco picado
- Sal al gusto

Para las chuletas de cerdo:

- 6 chuletas de cerdo (4 onzas cada una) cortadas al centro, con huesos, sin grasa
- 3 cucharaditas de aceite de canola
- 1 cucharadita de ajo en polvo
- 2 cucharaditas de chile en polvo
- Pimienta en polvo al gusto
- Sal al gusto
- Spray de cocina

Instrucciones:

1. Para hacer la salsa: Mezcla todos los ingredientes de la salsa en un bol. Tapa y reserva.
2. Para hacer las chuletas de cerdo: Precalienta una parrilla o cocina en una sartén a fuego medio- alto. Mezcla en un bol el aceite, el ajo en polvo, el chile en polvo, la pimienta y la sal. Frota esta mezcla en las chuletas de cerdo.

3. Asa el cerdo durante 4 minutos por lado o hasta que esté hecho. Rocía con spray de cocina mientras se cocina.

4. Sirve las chuletas de cerdo con la salsa de melón.

Estofado de ternera

Preparación: 20 min	Total: 1 hr. 25 min.	Raciones: 4

Ingredientes:

- ¾ de libra de carne magra para guisar
- 4 onzas de champiñones, cortados en rodajas
- 1 batata mediana, pelada, enjuagada y cortada en trozos
- 1 cebolla mediana picada
- 1 tallo de apio picado
- 1 zanahoria grande, pelada y cortada en trozos
- 1 ½ cucharadas de ajo picado
- 1 cucharada de aceite de coco
- 1 cucharada de mantequilla
- 1 hoja de laurel
- 3 tazas de caldo de carne

- ½ cucharadita de ajo en polvo

- 1 cucharada de polvo de arrurruz

- ½ cucharada de vinagre balsámico

- Sal al gusto

- Pimienta en polvo al gusto

Instrucciones:

1. Pon una olla grande o una cacerola a fuego medio. Añade el aceite de coco. Cuando el aceite se derrita, añade las cebollas y el ajo y saltea hasta que las cebollas estén translúcidas.

2. Espolvorea el ajo en polvo, la sal y la pimienta sobre la carne. Rebózala bien.

3. Mientras tanto, pon una sartén a fuego medio. Añade ½ cucharada de mantequilla. Cuando la mantequilla se

derrita, añade la carne y cocínala por ambos lados durante un minuto cada uno. Retira de la sartén y añade a la olla.

4. Añade 2 tazas de caldo de carne y baja el fuego.

5. Añade las batatas, el apio, las zanahorias y la hoja de laurel y remueve. Deja que se cocine a fuego lento.

6. Mientras tanto, añade el resto de la mantequilla a la sartén. Añade los champiñones y saltéalos hasta que estén tiernos. Añade el vinagre y remueve.

7. Añade el polvo de arrurruz al caldo de carne restante. Añade esto a la sartén de los champiñones, removiendo constantemente hasta que espese. Pasa la olla. Mezcla bien y cocina a fuego lento durante una hora aproximadamente o hasta que la carne esté cocida.

8. Sirve el guiso en tazones.

Ensalada de pollo caribeña

Preparación: 2 hrs. 10 minutos	Total: 2 h. 20 min.	Raciones: 2

Ingredientes:

- 1 mitad de pechuga de pollo, sin piel y sin hueso
- 1 cebolla mediana picada
- 1 tomate sin pepitas, picado
- ½ libra de ensalada mixta
- 1 cucharadita de chile jalapeño picado
- Un puñado de cilantro picado
- ½ taza de trozos de piña, escurridos
- 2 cucharadas de salsa marinera teriyaki
- 2 tazas de totopos de maíz para servir, picados en trozos grandes

Para el aderezo:

- 2 cucharadas de mostaza de Dijon
- 2 cucharaditas de azúcar
- 2 cucharaditas de sidra de manzana
- ½ cucharada de aceite de oliva
- 1 cucharadita de zumo de lima
- 2 cucharadas de miel

Instrucciones:

1. Coloca la pechuga de pollo en un bol y vierte la salsa marinada teriyaki por encima. Mezcla bien y refrigera durante un mínimo de 2 horas.
2. Mezcla en un bol los tomates, la cebolla, el chile jalapeño y el cilantro y refrigera hasta su uso.
3. Para el aderezo: Mezcla todos los ingredientes del aliño y bate bien. Tapa y refrigera hasta su uso.

4. Saca el pollo marinado de la nevera y ásalo en una parrilla precalentada durante unos 6-8 minutos por lado a fuego fuerte. Desecha la marinada.

5. Cuando esté hecho, retíralo de la parrilla. Cuando esté lo suficientemente frío como para manejarlo, corta el pollo asado en tiras.

6. Para organizar la ensalada: Coloca las verduras de la ensalada en un plato para servir. Vierte la mezcla de tomate sobre las verduras. Pon una capa de trozos de piña.

7. Espolvorea los chips de tortilla sobre la capa de piña. Coloca las tiras de pollo encima.

8. Por último, vierte el aderezo por encima y sirve.

9. También se puede disponer, de manera similar, en platos individuales para servir.

Arroz con mantequilla de cacahuete

| Preparación: 20 min | Total: 50 min | Raciones: 6 |

Ingredientes:

- 2 tazas de arroz integral largo, enjuagado y escurrido
- 1 cabeza grande de col roja, picada
- 1 cabeza grande de coliflor, picada
- 2 paquetes de tofu firme, cortado en cubos
- 4 tazas de agua
- 4 cucharadas de aceite de coco, divididas
- 2 cucharaditas de sal rosa del Himalaya, divididas
- ½ taza de cebollas verdes picadas
- ½ taza de cilantro fresco, picado
- 2-3 cucharadas de cacahuetes tostados

Para la salsa de mantequilla de cacahuete:

- 1 taza de mantequilla de cacahuete sin sal
- 2 tazas de mango en trozos, fresco o congelado
- 1 taza de agua caliente
- 4 dientes de ajo grandes, picados
- ½ taza de salsa de soja
- 5 cm de jengibre, pelado y picado

Instrucciones:

1. Pon una olla a fuego medio. Añade el agua y el arroz y lleva a ebullición.
2. Tapa y cocina hasta que el arroz esté tierno.
3. Mientras tanto, añade todos los ingredientes de la salsa de mantequilla de cacahuete en una batidora y bátelos hasta que estén suaves. Pasa a un bol y reserva.

4. Pon un wok grande a fuego medio. Añade la mitad del aceite de coco. Cuando el aceite esté derretido, añade la col y la sal y saltea durante unos minutos hasta que la col empiece a carbonizarse ligeramente.

5. Pasa a un plato.

6. Vierte en el wok el aceite restante. Añade la coliflor y la sal y saltea hasta que esté tierna.

7. Añade el arroz cocido y la col al wok y remueve. Retira del fuego.

8. Añade el tofu y remueve.

9. Espolvorea los cacahuetes y las cebollas verdes. Rocía la salsa de mantequilla de cacahuete y vuelve a remover.

10. Sirve en platos individuales calientes o templados.

Nota: Se puede sustituir el tofu por tiras de pollo cocidas.

Tacos de col rizada del mercado agrícola

| Preparación: 25 min | Total: 45 min | Raciones: 4 |

Ingredientes:

- ½ manojo grande de col rizada, desechando los tallos duros y las costillas, finamente picado
- ½ manojo de rábanos, en rodajas
- 1 tomate grande, en rodajas
- 1 lima, en rodajas
- 4 cucharaditas de aceite de coco o de aguacate
- ½ cucharadita de sal rosa del Himalaya o al gusto
- Salsa, según necesidad
- Tortillas de maíz para servir, calentar según las instrucciones del paquete
- 2 dientes de ajo picados

- 2 cucharadas de cilantro fresco picado

Para el guacamole:

- 2 aguacates maduros, pelados, sin hueso, triturados
- Zumo de una lima o al gusto
- 2 cucharadas de cilantro fresco, finamente picado
- Sal al gusto

Instrucciones:

1. Para hacer el guacamole: Mezcla todos los ingredientes del guacamole en un bol. Tapa y reserva en la nevera hasta su uso.
2. Pon una sartén, preferiblemente de hierro fundido, a fuego medio. Añade 3 cucharaditas de aceite. Cuando el aceite esté caliente, añade el ajo y saltéalo hasta que esté fragante.

3. Añade la col rizada y saltea hasta que se marchite. Añade el resto del aceite y la sal y remueve.

4. Retira del fuego.

5. Coloca las tortillas en tu área de trabajo. Divide y extiende la col rizada cocida sobre ella.

6. Coloca las rodajas de rábano y de tomate encima. Pon un poco de salsa. Espolvorea el cilantro por encima. Enrolla y sirve con guacamole y rodajas de lima.

Conclusión:

Quiero agradecerte que haya elegido este libro. Espero que te haya encantado y hayas disfrutado enormemente de su lectura.

La idea básica de este libro es ofrecerte una plétora de recetas de alimentación limpia, presentando un nuevo plan de comidas que te ayudará a perder peso de manera saludable. Las recetas incluidas en este libro te durarán 15 días sin necesidad de repetir ninguna de ellas. También puedes encontrar una variedad de recetas en línea y en varios libros de alimentación limpia que pueden ayudarte a mejorar tu plan de comidas. Una vez que tengas la suficiente experiencia, también podrás crear tus propias recetas utilizando tus ingredientes favoritos.

No olvides utilizar ingredientes frescos y orgánicos al cocinar. Esto no sólo aumenta el sabor de tu comida, sino que también la hace más rica en nutrientes. Una vez más, te agradezco que hayas comprado este libro y espero que te gusten todas las recetas que contiene.

¡Buena suerte y feliz cocina!

www.ingramcontent.com/pod-product-compliance
Lightning Source LLC
Chambersburg PA
CBHW021409290426
44108CB00010B/451